IDUS MARTIAE

A LATIN NOVELLA
BY
ANDREW OLIMPI

Comprehensible
Classics
VOL. 20

Comprehensible Classics Press
Dacula, GA

IDUS MARTIAE

A Latin Novella

by Andrew Olimpi

Series: Comprehensible Classics #20

Comprehensible Classics Press
Dacula, GA

First Edition: March 2021

Cover painting and design by Andrew Olimpi

ISBN: 9798716488458

tale a me tibi super hoc traditur consilium: ut per rivolus, et non statim in mare, eligas introire; quia per facilia ad difficilia oportet devenire

"Concerning this I hand over to you this plan of study: that you chose to enter through a little stream, and not immediately plunge into the ocean; because it is necessary to arrive at the difficult places through easy paths."

St. Thomas Aquinas
letter to Brother John
"*de modo studiendi*"

About the author

Andrew Olimpi lives in Dacula, Georgia with Rebekah, his beautiful and talented wife, and his son Ransom, a rambunctious toddler and future Classics scholar (probably). When he is not writing and illustrating books, Andrew teaches Latin in Dacula, Georgia. He holds a master's degree in Latin from the University of Georgia, and currently is working on a PhD in Latin and Roman Studies at the University of Florida. He is the creator of the Comprehensible Classics series of Latin novellas aimed at beginner and intermediate readers of Latin.

Author's Note

Despite Julius Caesar and the events of the Ides of March being staples of nearly every Latin classroom (my own included) I managed to find very few materials that were (1) interesting to the students and (2) also easily accessible. And there was certainly nothing suitable for easy, independent reading during class FVR (free voluntary reading) time. This novella is an attempt that fill the gap. I do want to acknowledge at the outset that this book is historical fiction. While the events of the story are based on Suetonius' and Plutarch's biographies of Julius Caesar, I have taken several liberties with chronology in order improve the pacing of the plot. For example, the real Cinna did have two children Cornelius and Pompeia, although they likely were not even born until after 44 BC.

To make this volume more accessible to novice Latin readers I made extensive use of cognates. This is the custom in many beginning Spanish or French novellas written for a similar audience, and I have found in the classroom that use of such cognates helps give novice readers an early foothold in the language—as well as really opening new directions for the story to go.

So, what makes this novella different that, say, the average text found in a Latin textbook? Guided by language acquisition research, I tried to keep the following principles in mind as I wrote:

(1) I frequently employed word-order deliberately similar to modern language word-order to clear up ambiguities (while trying to stay within the bounds of good *Latinitas*).

(2) I also strived to keep my sentences short. I have not "sheltered" grammatical elements, but rather have employed whatever verbs, nouns, or turns of phrase are most clear and vivd in the moment.

(3) I did shelter the vocabulary. The novella comprises a total of 3800 words, but uses less than 160 unique words, around 45 of which are (fairly) transparent cognates. This word count does not include names or new words and/or phrases established in the text through English glosses or pictures. It also shares a high percentage of vocabulary with my other beginner novellas.

(4) I also provided generous vocabulary help throughout the text, establishing meaning though pictures and footnotes. At all times, I wanted to err on the side of *comprehensibility*.

Andrew Olimpi
Dacula, GA, 2020

ABOUT THE SERIES:

Comprehensible Classics is a series of Latin novels for beginning and intermediate learners of Latin. The books are especially designed for use in a Latin classroom which focuses on communication and Comprehensible Input (rather than traditional grammar-based instruction). However, they certainly are useful in any Latin classroom, and could even provide independent learners of Latin interesting and highly readable material for self-study.

LEVEL A: Beginner
Ego, Polyphemus
Lars Romam Odit
Mercurius Infans Mirabilis (forthcoming)

LEVEL B: Advanced Beginner
The *Familia Mala* Trilogy:
Familia Mala: Iuppiter et Saturnus
Duo Fratres: Familia Mala Vol. II
Pandora: Familia Mala Vol. III
Labyrinthus

LEVEL C: Low Intermediate
The *Io Puella Fortis* Series
Vol. I: *Io et Tabellae Magicae*
Vol. II: *Io et Monstrum Horrificum*
Via Periculosa
Idus Martias

LEVEL D: High Intermediate
Puer Ex Seripho Series:
Vol. I: *Perseus et Rex Malus*
Vol II. *Perseus et Medusa*
Vox in Tenebris
Eques Viridis Series
Vol. I: *Eques Viridis: Tres Chartulae*
Vol. II. *Eques Viridis: Castellum Malum* (*forthcoming*)
Filia Regis et Monstrum Horribile

LEVEL E: Advanced (Tiered Readers)
Daedalus et Icarus: A Tiered Latin Reader
Reckless Love: The Story of Pyramus and Thisbe
The Mysterious Traveler: A Medieval Play about St. Nicholas: A Tiered Reader

PARS PRĪMA

CONSPĪRĀTIŌ

PROLOGUS

***omen** malum*

omen: *an omen, a sign*

pater et fīlius prope **āram** stābant. erat diēs sacrificiī. prope illōs erat magnus **bōs**. fīlius, nōmine Roscus, oculōs bōvī spectābat. putābat oculōs bōvī esse trīstēs.

ara: *an altar*

bos: *a bull*

bōs est innocēns! bōs nōn vult sacrificārī!

"Rosce!"

pater, nōmine Spurrīna, fīlium clāmābat.

haruspex: *a priest who "reads" the innards of animals*

exta: *intestines, innards*

Spurrīna erat **haruspex**. haruspex poterat vidēre ēventūs futūrōs. haruspex animālia sacrificāvit ut **exta** īnspectāret. in extīs animālium haruspex poterat vidēre ēventūs futūrōs.

Spurrīna volēbat Rascum esse haruspicem. fīlius ēius autem nōlēbat animālia sacrificāre, quia animālia eī placēbant. Roscus quoque **sanguinem** timēbat.

sanguinem: *blood*

Spurrīna (magnā vōce) "ō Rosce! nōlī sacrificium timēre! spectā mē!"

in manū haruspicis erat **pūgiō**.

pugio: *a dagger*

Roscus: "ō pater, timeō spectāre . . . sed ego spectābō . . . omnia."

Roscus autem falsō dīxit. quia nōlēbat spectāre patrem, oculōs **clausit**.

clausit: *closed*

subitō Roscus audīvit bovem clāmantem et ūnum oculum **aperuit**. gladius haruspicis erat in **collō** bōvī! ō horrōrem! sanguis erat in terrā, in bove, in gladiō, et in manibus haruspicis!

aperuit: *opened*

collo: *neck*

Roscus timidus iterum oculōs clausit.

nōlō spectāre! bōs est innocēns! nōlō esse haruspex!

nōlō sacrificāre animālia innocentia!

pater vidēbat oculōs clausōs fīliī.

"Rōsce! Rōsce! aperī oculōs et spectā!"

vōx patris nōn erat īrāta. Spurrīna erat ānxius. cūriōsus Roscus oculōs aperuit.

cor: *the heart*

"**cor**… cor…" pater ānxius dīcēbat.

Roscus: "cor?"

Spurīnna: "quid vidēs?"

"sanguinem videō, ō pater," Roscus respondit, "bovem mortuum videō."

Spurrīnā: "īnspectā cor bōvī."

Roscus, corpus bōvī īnspectāns, nōn poterat vidēre cor.

Roscus: "ubi est cor, ō pater?"

Spurrīna: "bōvī... **bōvī nōn est** cor."

bovi non est: *there is to the bull, "the bull has"*

Roscus: "bōvī nōn est cor? impossibile est!"

Spurrīnā: "ō Rosce! ego sciō esse impossibile! sed bōvī nōn est cor."

Roscus attonitus nōn poterat respondēre.

"est ōmen, ō Rosce!" Spurrīna inquit, "ōmen malum!"

omen: *a sign, a warning*

quid significat: *what does [something] mean?]*

periculo: *danger*

Roscus: "**quid significat** hoc ōmen malum, ō pater?"

respondit Spurrīna: "Rōma est in magnō **perīculō**."

CAPITULUM I

Lupercālia

Rōmae multī virī currēbant. in viīs urbis currēbant et clāmābant et gaudēbant. virī erant **sacerdōtēs** Rōmānī.

Romae: *in Rome*

sacerdotes: *priests*

sacerdōtēs nōmine Lupercī **diem fēstum** celebrābant! hodiē erat Lupercālia!

diem festum: *a festival day, a holiday*

quoque in viīs urbis stābant multae fēminae et puellae Rōmānae quae Lupercōs spectābant et gaudēbant.

ecce ūnus Lupercus cucurrit ad fēminam. fēmina gaudēbat et oculōs clausit.

ramus: *a branch*

in manū Lupercī erat **ramus**.

percussit: *hit, struck*

Lupercus fēminam vīdit et fēminam ramō **percussit**! Lupercus multās fēminās et multās puellās ramō percussit.

in turbā spectātōrum stābant parva puella et pater ēius. nōmen puellae erat Pompēia.

Pompēia spectābat Lupercōs **percutientēs** fēminās. puella magnō horrōre **commōta** est, quia nesciēbat cūr Lupercī fēminās ramīs percuterent!

percutientes: *hitting, striking*

commōta*:* *moved with, overcome with*

"pater! pater!" clāmābat Pompēia. "ecce! vir fēminās percutit! ēheu! ego virōs horribilēs timeō!"

pater fīliae respondit: "nōlī timēre, ō Pompēia. hodiē est diēs fēstus Lupercālia! hodiē tū spectās **rītum** antīquum, quem Rōmānī **quot annīs** celebrābant.

ritum: *rite, ritual*

quot annis: *every year*

"hī virī sunt Lupercī! Lupercī nōn sunt malī! ecce fēminae gaudent, nōn timent!"

pater Pompēiae erat Lūcius Cornēlius Cinna.

Cinna erat senātor Rōmānus. familia Cinnae erat **praeclāra** in urbe Rōmā.

praeclara: *famous, distinguished*

"diē Lupercālī," Cinna inquit, "omnēs **fertilitātem** celebrant! sī Lupercus tē **percutiet**, in futūrīs tū eris māter!"

fertilitatem: *fertility*

percutiet: *will hit, strike*

subitō Pompēia magnō horrōre clāmāvit, quia ūnus ē Lupercīs ad eam currēbant!

"minimē! minimē!" Pompēia clāmābat, "ō Luperce! **nōlī** mē **percutere**! nōlō esse māter!"

noli... percutere: *don't hit...*

Pompēia Lupercum currentem timēbat.

Lupercus erat vir pulcher. in manū erat magnus ramus!

Lupercus magnā vōce clāmāvit et Pompēiam ramō percussit. Pompēiā **percussā**, Lupercus fūgit.

percussa: *having been struck*

Cinna, quī omnia spectābat, gaudēbat.

Pompēia: "quis . . . quis erat vir, quī mē ramō percussit?"

Cinna: "erat Mārcus Antōnius!"

CAPITULUM II

corōna

Pompēia: "ō pater, quis est Mārcus Antōnius?"

Cinna: "Mārcus Antōnius est amīcus Iūliī Caesaris! ecce Iūlius Caesar!"

Iūlius Caesar hominēs currentēs spectābant. Caesar erat dictātor urbis Rōmae.

Mārcus Antōnius ad Caesarem cucurrit. **aliquid** erat in manū Mārcī.

aliquid: *something*

Pompēia: "ō pater! ecce! Mārcus ramum habet! vultne Mārcus Antōnius Caesarem ramō percutere?!

"est rīdiculum, ō pater! Lupercī percutiunt fēminās!"

pater **rīdēns** respondit: "nōn est ramus in manū Antōniī, ō Pompēia. est corōna."

ridens: *laughing*

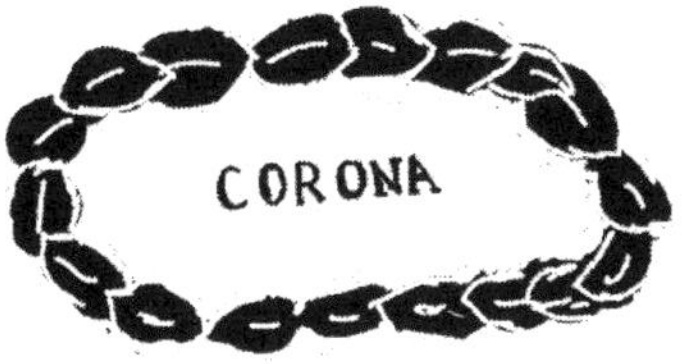

omnēs Mārcum Antōnium spectābant. in manū Mārcī erat corōna.

Mārcus manum ad Caesarem extendit. in manū ēius erat corōna.

populus Rōmānus Mārcum spectābat. senātōrēs Mārcum spectābant. Mārcus posuit corōnam in capite Caesaris.

Caesar corōnam ab capite remōvit et **reddidit** corōnam Mārcō Antōniō. hoc vīsō, populus Rōmānus **gāvīsus est**, magnā vōce clāmāns nōmen Caesaris.

reddidit: *returned*

gavisus est: *rejoiced, were happy, cheered*

Cinna nōn gaudēbat.

Pompēia. "ecce! Caesar corōnam nōn vult! nōn vult esse rēx!"

Cinna: "spectā, ō Pompēia."

iterum Mārcus posuit corōnam in capite Caesaris. iterum Caesar corōnam **recūsāvit**. iterum populus Rōmānus gāvīsus est et clāmābat nōmen Caesaris.

recusavit: *refused*

Pompēia vīdit trēs virōs, quī spectābant Caesarem et Mārcum, sed nōn gaudēbant. puella nesciēbat quī **hī virī essent**.

hi viri essent: *these men were*

Pompēia: "pater, quī sunt illī trēs virī, quī nōn gaudent?"

Cinna: "sunt senātōrēs **praeclārī**, mea fīlia. nōmina eōrum sunt Cassius et Casca et Brutus."

praeclari: *famous*

Pompēia: "cūr senātōrēs nōn gaudent?"

Cinna: "populus Rōmānus Caesarem amat. multī senātōrēs autem Caesarem nōn amant. Caesar est dictātor. senātōrēs putant Caesarem **velle esse** rēgem."

velle esse: *wants to be*

Pompēia: "rēgem?! nōn est rēx Rōmae! Rōmānī nōn amant rēgēs! rēgēs sunt malī!"

iterum Mārcus Antōnius posuit corōnam in capite Caesaris. Caesar **rīsit** et corōnam ab capite remōvit. hōc vīsō, populus Rōmānus magnā vōce **gāvīsus est**.

risit: *laughed*

gavisus est: *rejoiced, were happy, cheered*

Cassius et Casca et Brūtus omnia spectābant, sed nōn gāvisī sunt.

CAPITULUM III

vōcēs

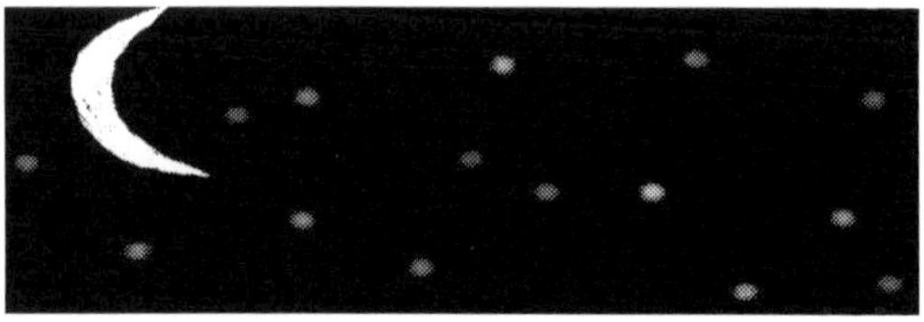

mediā nocte Pompēia domī erat sōla **in cubiculō**. Pompēia nōn poterat dormīre, quia vōcēs audiēbat. vōcem patris audīvit, et… trēs vōcēs **ignōtās**!

in cubiculo: *in her bedroom*

ignotas: *unknown*

mediā nocte, trēs hominēs patrem Pompēiae vīsitābant.

cotīdiē Pompēia audīre poterat hominēs quī patrem vīsitābant. hominēs patrem Pompēiae vīsitābant quia pater erat senātor!

cotidie: *every day*

cūr hominēs mediā nocte patrem vīsitant?

quia dormīre nōn poterat et cūriōsa erat, Pompēia vōcēs investīgāvit.

Pompēia ē cubiculō exīvit, quia volēbat audīre **colloquium**.

colloquium: *conversation*

domus erat silēns, et Pompēia **cautē** vōcēs investīgāvit. nōlēbat sonum facere in domō silentī. nōlēbat patrem **scīre sē** nōn esse in cubiculō.

caute: *carefully*

scire se: *to know that she…*

subitō **in tenebrīs** figūram vīdit **ante sē**! puella timēbat figūram esse patrem! sed figūra nōn erat magna sīcut pater.

in tenebris: *in the darkness*

ante se: *in front of her*

erat frāter Cornēlius!

Pompēia: "ō Cornēlī! cūr tū nōn dormīs?"

Cornēlius: "cūr *ego* nōn dormiō? nōn dormiō, quia volō audīre hominēs, quī vīsitant patrem. cūr *tū* nōn dormīs?"

Pompēia: "ego quoque volō omnia audīre!"

tablino: *study, office*

tam parvae ut: *so small/quiet that*

Cinna et trēs virī in **tablīnō** patris stābant, colloquentēs parvīs vōcibus. vōcēs sunt **tam parvae ut** līberī nōn poterant audīre quid hominēs dīcerent.

Cornēlius: "nesciō quī virī sint. putō virōs esse senātōrēs."

Pompēia: "ō puer stulte! ego sciō quī hominēs sint! sunt hominēs praeclārī in urbe Rōmā! nōmina eōrum sunt: Cassius et Casca et Brūtus."

accipere: *to accept, receive*

arcam: *a box*

ūnus ex tribus senātōribus—Cassius—arcam in manū tenēbat. ille volēbat Cinnam **accipere arcam**. Cinna autem ānxius arcam spectābat, sed nōlēbat eam accipere.

Cornēlius: "ecce! pater nōn vult accipere arcam!"

Pompēia: "ecce oculī patris! pater ānxius est! pater vult **neque** accipere neque aperīre arcam."

neque: *neither... nor*

Cornēlius: "cūriōsus sum! quid est in illā arcā? cūr pater arcam timet?"

ūnam hōram hominēs et pater colloquēbantur. difficile erat līberīs audīre vōcēs senātōrum, sed ūnum nōmen **iterum** et iterum audīvērunt: "Caesar."

unam horam: *for one hour*

iterum: *again*

Pompēia: "hī trēs senātōrēs nōn sunt amīcī Caesaris. ego audīvī multōs senātōrēs nōn amāre Caesarem. ego audīvī multōs senātōrēs **nōlle** Caesarem esse dictātōrem! audīvī..."

nolle: *"don't want"*

Cornēlius: "ecce! hominēs et pater ē tablīnō exīvērunt!"

līberī neque senātōrēs neque patrem vidēbant. nōn iam erant in tablīnō.

ubi sunt senātōrēs? ubi est pater?

mensa: *a table*

Pompēia: "ecce! arca est in **mēnsā**! cūriōsus sum! volō aperīre arcam!"

Pompēia tablīnum patris intrāvit ad arcam īnspectandam.

caute: *carefully, cautiously*

cautē Pompēia arcam aperuit et īnspectāvit…

Cornēlius ānxius inquit: "quid vidēs in arcā, ō Pompēia?"

pugionem: *a dager*

"videō…" respondit Pompēia timida, "videō . . . **pūgiōnem**!"

CAPITULUM V

Pompeius Magnus

līberī timidī in **cubiculō** Pompēiae sedēbant.

cubiculo: *bedroom*

Pompēia: "senātērēs volunt Caesarem interficere!"

Cornēlius: "pater vult Caesarem interficere?"

Pompēia: "nesciō! pater nōlēbat accipere pūgiōnem."

Cornēlius: "cūr senātōrēs volunt interficere Caesarem?"

Pompēia: "ūnus ē senātōribus, vir nōmine Cassius, dīxit Caesarem interfēcisse **Pompēium Magnum**."

Pompeium Magnum: *Pompey the Great (a member of the first triumvirate and a frenemy of Caesar)*

Cornēlius: "Caesar Pompēium interfēcit?!"

bellum: *a war*

longe ab: *far from*

barbaros: *barbarians*

contra: *against*

Pompēia: "erat **bellum** magnum et horribile in terrā **longē ab** Rōmā. Rōmānī contrā **barbarōs** nōn pugnābant. contrā aliōs Rōmānōs pugnābant! amīcus **contrā** amīcum pugnāvit! frāter contrā frātrem pugnāvit. pater contrā fīlium pugnāvit. erat bellum cīvīle!

Cornēlius: "ō bellum malum!"

Pompēia: "Pompēius et Caesar erant amīcī. uxor Pompēiī erat Iūlia, soror Caesaris ipsīus. **quōdam diē**, Iūlia mortua est.

quodam die: *one day*

"Iūliā mortuā, Caesar erat trīstis. ille sorōrem suam amābat! Iūliā mortuā, Caesar **nōn iam** erat amīcus Pompēiī.

non iam: *no longer*

"senātōrēs Pompēiō **favēbant**. populus Rōmānus Caesarī favēbant.

favebant: *were favoring, supported*

"Caesar erant in **Galliā** cum mīlitibus.

Gallia: *Gaul, modern day France*

Caesar absēns volēbat esse cōnsul, sed senātōrēs nōlēbant, quia senātōrēs eī nōn favēbant. Caesar volēbat intrāre Ītaliam; **illicitum** erat Rōmānō **imperātōrī** intrāre Ītaliam cum mīlitibus!

illicitum: *illegal, against the rules*

imperatori: *for a general*

"erat parvum flūmen nōmine Rubicōn **quod** dīvīsit terram Galliam ab terrā Ītaliā. erat **līmes inter** terram Rōmānam et terram Gallicam.

quod: *which*

limes inter: *the boundary between*

Caesar cum mīlitibus **transīvit** flūmen. volēbat capere urbem Rōmam.

transivit: *crossed, traversed*

"difficile nōn erat Caesarī Rōmam capere. senātōrēs ab urbe fugiēbant! senātōrēs Caesarem timēbant!

"erat bellum longum."

pugnatum est: *was it fought? was there fighting?*

Cornēlius: "**pugnātum est** in Ītaliā?"

Pompēia: "minimē, in Ītaliā nōn pugnātum est. in terrā Graeciā pugnātum est. victor erat Caesar. nunc Caesar est dictātor. nunc nōn est bellum, sed **pāx**."

pax: *peace*

Cornēlius: "nōn est pāx. ego audīvī Rōmam esse in magnō perīculō!"

Pompēia: "in magnō perīculō? quis dīxit urbem esse in perīculō?"

Cornēlius: "amīcus meus Roscus dīxit.

"pater Rōscī est **haruspex**, nōmine Spurrīna, quī scit ēventūs futūrōs. Roscus dīxit Caesarem et Rōmam esse in magnō perīculō."

haruspex: *a priest who examines the entrails of animals*

subitō līberī patrem in **tablīnō** audīvērunt. pater sōlus labōrābat in tablīnō. līberī erant cūriōsī et īvērunt ad patrem spectandum.

tablino: *office, study*

pater sedēbat in tablīnō et scrībēbat.

Pompēia: "ubi sunt trēs senātōrēs? quid pater scrībit?"

Cornēlius: "pater **epistulam** scrībit, sed nōn possum vidēre quid pater scrībat."

epistulam: *letter*

Pompēia: "cūr pater scrībit epistulam mediā nocte?"

CAPITULUM VI

Caesar in viā

Roscus in viā est. Roscus ībat ad domum amīcī Cornēliī. in viīs urbis Rōmae erant multī hominēs. erat magnus **clāmor**!

clamor: *noise, clamor*

subitō Roscus Spurrīnam in mediā viā vīdit.

"pater! pater!"

Spurrīna, viam spectāns, fīliō nōn respondit.

iterum Roscus inquit: "pater! cūr es tū in viā?"

Spurrīna: "ego **aliquem** exspectō."

aliquem: *someone*

Roscus: "quem tū exspectās? cūr es tū ānxius?"

in viā erat magna **turba** hominum quam Spurrīna spectābat. in turbā erant senātōrēs et Mārcus Antōnius.

turba: *crowd, multitude*

Roscus: "quid tū spectās, ō pater?"

"**Īdūs Mārtiās**," respondit Spurrīna.

Idus Martias: *the Ides of March (March 15th on the Roman calendar)*

Roscus cōnfūsus erat. *cūr pater dīxit: "Īdūs Mārtiās?"*

subitō Spurrīna cucurrit ad turbam clāmāns: "Īdūs Mārtiās!"

Roscus **attonitus** patrem spectābat.

attonitus: *surprised, astonished*

in turbā hominum erat Iūlius Caesar. quia Caesar cum aliīs hominibus **colloquēbātur**, nōn vīdit Spurrīnam ad eum currentem.

colloquebatur: *was speaking with, was conversing*

"ō Caesar! Caesar" magnā vōce Spurrīna clāmābat.

hoc audītō, Mārcus Antōnius **tunicam** Spurrīnae cēpit.

tunica: *shirt, tunic*

Antōnius: "cūr tū clāmās? esne tū īnsānus? potesne tū vidēre Caesarem et senātōrēs?"

Spurrīna: "possum vidēre! possum vidēre! ō Caesar! **nūntium** habeō! nūntium **magnī mōmentī**!"

nuntium: *a message*

magni momenti: *of great importance*

Caesar cūriōsus erat.

Caesar: "nōlī **prohibēre** hunc virum, ō amīce. volō hoc nūntium audīre."

prohibere: *prevent, hold back, prohibit*

"Caesar!" Spurrīna clāmāvit, "ego ōmen malum vīdī! ego bovem sacrificāvī, sed nōn erat **cor** in victimā!"

cor: *a heart*

victima: *the sacrificial victim*

hoc audītō, Caesar rīsit: "tū dīxistī cor nōn esse in victimā? impossibile est!"

"nōn est impossibile!" inquit Spūrinna, "est ōmen malum! deī commūnicant per sacrificium! deī nūntium tibi **mīsērunt**!"

miserunt: *sent, have sent*

Caesar inquit: "deī mihi nūntium mīsērunt? nūntium est magnī mōmentī? quid est nūntium deōrum?"

cave: *beware*

Spurrīnā: "**cavē** Īdūs Mārtiās! tū es in magnō perīculō!"

Caesar: "tū putās mē esse in magnō perīculō?"

Spurrīna: "minimē, ō Caesar! ego *sciō* tē esse in magnō perīculō! nūntia deōrum nōn sunt falsa! erat ōmen malum et horribile!"

magni momenti: *of great importance*

Caesar: "grātiās, ō haruspex! nūntium **magnī mōmentī** est! eheu! **cavēbō** Īdūs Mārtiās! hahahae!"

cavebo: *I will beware*

Caesar rīdēns redīvit ad turbam senātōrum.

Spurrīna īrātus senātōrēs spectābant. ille poterat audīre multōs senātōrēs **rīdentēs**.

ridentes: *laughing*

Roscus: "o pater, quid tū Caesarī dīxistī?"

Spurrīna: "ego nūntium meum Caesarī **dedī**."

dedi: *I gave*

Roscus: "quid est nūntium tuum? eratne **iocum**?"

iocum: *a joke*

Spurrina: "iocum!? nūntia deōrum nōn sunt ioca!"

Roscus: "ego vīdī Caesarem et senātōrēs rīdentēs. cūr rīdent omnēs?"

Spurrīna: "mī fīlī, Caesar... Caesar nūntiō meō nōn **crēdēbat**, sed mox Caesar crēdet."

credebat: *did not believe*

Spurrīna spectābat Caesarem et senātōrēs rīdentēs.

Spurrina: "mox omnēs cīvēs Rōmānī credent, o Rosce."

PARS SECUNDA

CAVĒ IDŪS MARTIĀS

Capitulum VII

theātrum Pompeiī

"Pompēia! Cornēlī!" Roscus clāmābat, "nōlī rapidē currere! nōn possum **rapidius** currere!"

rapidius: *faster, more quickly*

trēs līberī per viās currēbant. Pompēia et Cornēlius rapidē currēbant et post eōs Roscus **sequēbātur**.

sequebatur: *was following*

"ego . . . ego . . . nōlō . . . currere!" clāmāvit Roscus.

iam Pompēia et Cornēlius nōn currēbant, sed ante theātrum magnum stābant. Pompēia columnās īnspectābat et **numerābat**:

numerabat: *was counting*

"ūnam . . . duās . . . trēs."

fessus: *tired (from), worn out (from)*

Roscus in terrā sedēbat, **fessus** currendō. ille nesciēbat cūr puella numerāret columnās.

"quattuor . . . quīnque!"

Roscus: "ō Cornēlī! cūr soror tua columnās numerat? ubi nōs sumus?"

subitō puella magnā vōce clāmāns rapidē cucurrit ad columnam quīntam ante theātrum magnum.

Cornēlius: "ō Pompēia, ubi…ubi… ubi sumus?"

apud: *at*

noster: *our*

Pompēia: "sumus **apud** theātrum Pompēiī, ō frāter! ecce hodiē senātōrēs et Caesar ad hoc theātrum veniēbant! Caesar est in perīculō, et fortasse pater **noster** quoque in magnō perīculō est!"

puella cucurrit post columnam quīntam. nunc Cornēlius et Roscus puellam nōn poterant vidēre!

Cornēlius: "soror! ubi es tū?"

subitō puerī vōcem ab columnā audīvērunt:

"rapidē! currite post columnam! est **ostium** sēcrētum post hanc columnam, **per quam** nōs possumus theātrum intrāre!

ostium: *a doorway, entrance*

per quam: *through which*

puerī rapidē ad columnam ante theātrum cucurrērunt, et—ecce—vīdērunt ōstium sēcrētum post columnam!"

Roscus: "sed . . . sed quōmodo tū sciēbās ostium sēcrētum esse post columnam?"

Pompēia: "ego omnia sciō." puella respondit et theātrum intrāvit.

Cornēlius īvit ad ōstium, sed Roscus nōlēbat eum **sequī**.

sequi: *to follow*

"ō Rosce, venī!" clāmāvit Cornēlius.

Roscus respondit: "nōlō intrāre! timeō ōstium sēcrētum! timeō senātōrēs malōs!"

hōc audītō, Pompēiā cucurrit ad Roscum et manum ēius cēpit.

Pompēia: "venī, ō puer timide!"

Roscus nōlēbat Pompēiam scīre **sē timēre** theātrum intrāre.

se timere: *that he was afraid (to)*

per ōstium sēcrētum līberī theātrum Pompēiī intrāvērunt.

THEATRUM POMPEI

Capitulum VIII

cavē Idūs Martiās

Caesar vēnit ad theātrum Pompēiī cum amīcō Mārcō Antōniō.

theātrum Pompēiī magnum erat, et multī senātōrēs intrābant theātrum.

Caesar et amīcus spectābant senātōrēs intrantēs theātrum.

"Caesar!"

Caesar audīvit **aliquem** clāmantem.

aliquem: *someone*

vōx iterum clāmāvit: "Caesar! Caesar!"

Caesar scīvit quis clāmāret.

erat haruspex Spurrīna.

"Caesar! cavē! cavē!" Spurrīna clāmābat, sed Caesar verba ēius **praeterīvit**.

praeterivit: *ignored*

Spurrīna: "cavē! cavē Īdūs Mārtiās!"

Caesar **rīsit** et respondit: "nōlī clāmāre, ō haruspex! ecce! Īdūs Mārtiae **adsunt**."

risit: *laughed*

adsunt: *are here*

"certē," Spurrīna inquit, "Īdūs Mārtiae adsunt, sed nōn peractī sunt! tū es in magnō perīculō, ō Caesar!"

peracti sunt: *have not passed, been fulfilled*

"sum in perīculō hodiē, amīce?" Caesar rīsit, "ego sum Caesar! semper sum in perīculō! sed perīcula nōn timeō!"

Caesar iēcit aliquid metallicum ad pedēs haruspicis. erat **nummus** in quō erat imāgō Caesaris.

nummus: *a coin*

in nummō Caesar **gerēbat** corōnam in capite. in nummō prope caput Caesaris scrīptum est: "Caesar dīctātor **perpetuō**."

gerebat: *was wearing*

perpetuo: *forever, perpetually*

Spurrīna nummum cēpit. "valē Caesar," Spurrīna inquit.

Caesar **ascendēbat** ad ōstium theātrī. subitō aliam vōcem audīvit.

ascendebat: *ascended, went up*

"Caesar!" vōx clāmābat.

erat **nūntius,** quī epistulam in manū tenēbat.

nuntius: *a messanger*

nūntius: "epistulam habeō! epistulam habeō tibi, ō Caesar!"

Caesar: "epistulam mihi habēs?"

Caesar epistulam cēpit. nūntius ānxius spectābat.

Caesar: "quis epistulam **mīsit**?"

misit: *sent*

nūntius: "Cinna senātor epistulam mīsit."

Caesar cūriōsus epistulam īnspectāvit.

Caesar: "Cinna..."

Caesar epistulam nōn **lēgit**, sed dedit eam Mārcō Antōniō.

legit: *read*

Caesar: "**occupātus** sum, ō nūntī. dīc Cinnae Caesarem esse occupātum et nōn posse legere epistulam."

occupatus: *busy, occupied*

hōc dictō, Caesar theātrum intrāvit.

CAPITULUM IX

in theātrō Pompēiī

in theātrō trēs līberī – Pompēia et Cornēlius et Roscus – multās vōcēs et sonōs audīvērunt. trēs līberī **clam** intrāvērunt theātrum et **sē cēlāvērunt** post columnam magnam, ubi illī poterant omnia vidēre.

clam: quietly, secretly

se celaverunt: they hid (themselves)

līberī **timēbant nē** senātōrēs eōs vidērent. timēbant nē Cinna hodiē venīret ad theātrum. timēbant nē Cinna quoque esset in magnō perīculō!

timebant *ne: were afraid (that)*

subitō Caesar theātrum intrāvit. omnēs oculī in Caesare **fīxī sunt.**

fixi sunt: *were fixed (on)*

Pompēia: "ecce! Brūtus et Cassius et Cascus **adsunt**!"

adsunt: *are present*

Cornēlius: "ecce! manus Cassius est in **fundō** togae! quid Cassius habet in fundō?

fundo: the fold

Roscus: "habetne tabulās?"

Pompēia: "**fortasse** ille habet... pūgiōnem!"

fortasse: *maybe*

subitō ūnus ē senātōribus ad Caesarem īvit. in manū eius erant **tabulae**.

tabulae: *a writing tablet*

Roscus: "quis est hic senātor? amīcus Caesarī an hostīlis?"

Caesar tabulās cēpit et lēgit.

Cornēlius: "quid est in manū senātōris? estne **pūgiō**?"

pugio: *a dagger*

Pompēia: "minimē! est stylus, nōn pūgiō."

subitō Caesar īrātā vōce clāmāvit: "**haec quidem est vīs**!"

haec quidem est vis: *this indeed is violence*

in **bracchiō** erat stylus senātōris! **sanguis** erat in togā Caesaris.

bracchio: *his arm*

sanguis: *blood*

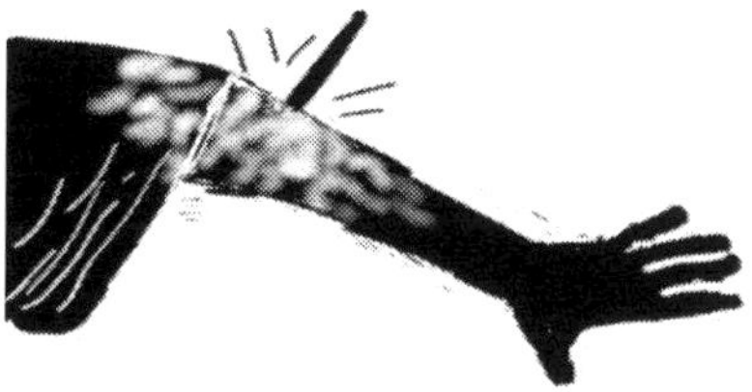

Roscus: "senātor Caesarem **cōnfōdit**. senātor Caesarem stylō cōnfōdit, nōn pūgiōne!"

confodit: *stabbed*

Caesar stylum ē bracchiō extrāxit. nunc circum Caesarem stābant multī senātōrēs. **inter** hōs senātōrēs stābant Cassius et Casca. in manibus senātōrum erant pūgiōnēs!

inter: *among*

Pompēia: "pūgiōnēs in manibus senātōrum erant similēs pūgiōnī, quī erat in arcā patris!"

ānxia Pompēia īnspectāvit vultūs senātōrum, sed patrem nōn vīdit inter senātōrēs.

ubi erat pater?

CAPITULUM X

mors Caesaris

subitō ūnus pūgiō dēscendit!

Cassius Caesarem **cōnfōdit**! Roscus oculōs clausit, quia nōlēbat spectāre! deinde alius senātor – Casca – Caesarem pūgiōne cōnfōdit. deinde alius...deinde alius...

confodit: *stabbed*

sanguis **ubīque** erat. sanguis erat in togā Caesaris. sanguis erat in togīs et manibus senātōrum. sanguis erat in pūgiōnibus.

ubique: *everywhere*

prope Caesarem erat magna statua. erat statua Pompēiī! Caesar, **confōssus** multīs pūgiōnibus, collāpsus est ante pedēs Pompēiī.

confossus: *stabbed*

multī senātōrēs confōdērunt Caesarem.

Cornēlius: "ecce Brūtus."

Brūtus ante Caesarem stābat. in manū ēius erat pūgiō. oculī Brūtī erant trīstēs. Brūtus Caesarem pūgiōne cōnfōdit.

Caesar: "καὶ σύ, τέκνον;"

pronounced: "kai su teknon"

Cornēlius: "quid Caesar dīxit?"

Pompēia: "est **lingua** Graeca. καὶ significat "et." "σύ" significant "tū." τέκνον significat "ō mī fīlī."

lingua: *language*

Roscus: "Caesar dīxit, 'et tū, ō mī fīlī?' cūr? estne Brūtus fīlius Caesaris?"

Cornēlius: "minimē! Brūtus est amīcus Caesarī."

Roscus: "est amīcus falsus!"

Pompēia magnō terrōre **commōta** omnia spectābat. nōn poterat vidēre **vultum** Caesaris, quia Caesar iēcerat togam super caput suum.

commota: *moved (with)*

vultum: *face*

mox Caesar erat immōbilis in **pavīmentō** ante pedēs statuae Pompēiī. senātōrēs, quī stābant circum corpus mortuum Caesaris, **triumphābant**. multī senātōrēs (quī pūgiōnēs habēbant) magnā vōce clāmābant: "Rōma **lībera** est!" et "Caesar tyrannus mortuus est!"

pavimento: *pavement*

triumphabant: *were triumphing, celebrating*

libera: *free*

magnō terrōre commōtī trēs līberī ē templō exīvērunt **per ostium sēcretum.**

per ostium secretum: *through the secret door*

* * * * *

turba: *crowd*

conveniebat: *was gathering*

in viā ante theātrum erat magna **turba** hominum. turba audīverat Caesarem esse mortuum, et **conveniēbat** ante theātrum ut vidēret corpus Caesaris. turba erat trīstis.

Pompēia et Cornēlius patrem in viā petēbant. ānxiī erat, quia vidēbant Cinnam neque in theātrō neque in viā ante theātrum.

subitō Cassius et turba senātōrum theātrum exīvērunt.

Pompēia: "ecce Cassius et senātōrēs!"

quocum: *with which*

in manū Cassiī erat pūgiō, **quōcum** ille Caesarem interfēcit. populus poterat vidēre sanguinem Caesaris in manibus Cassiī!

Cassius: "ō populus Rōmānus! Caesar tyrannus mortuus est! nōs senātōrēs eum interfēcimus! nunc vōs nōn estis captīvī! nunc vōs estis līberī! Rōma est lībera!"

senātōrēs gaudēbant et triumphābant. in viā populus Rōmānus nōn triumphābat. populus erat trīstis.

Cornēlius: "cūr populus nōn triumphat? Caesar erat dictātor! erat tyrannus!"

Pompēia: "populus trīstis est, quia Caesar amāvit populum Rōmānum, nōn senātōrēs. Caesar erat amīcus populō. Caesare mortuō, populus est trīstis!"

subitō quattuor hominēs ē theātrō exīvērunt. in manibus **eōrum** erat corpus Caesaris.

eorum: *their*

CAPITULUM XI

funus Caesaris

involutum: *wrapped*

vulnera: *wounds*

corpus Caesaris erat togā **involūtum**. erat sanguis in togā, sed populus nōn poterat vidēre **vulnera** Caesaris. Brūtus, quī erat amīcus Caesarī, prope corpus stābat.

Lībertās restitūta est: *Freedom has been restored!*

Brūtus: "Caesar volēbat esse rēx, ō Rōmānī! Rōmānī nōlunt rēgem! Caesar erat tyrannus et nunc tyrannus est mortuus! **Lībertās restitūta est**!"

senātōrēs: "lībertās! lībertās! lībertās restitūta est!"

hōc audītō, Mārcus Antōnius erat īrātus. Antōnius togam ab corpore mortuō Caesaris remōvit.

nunc omnēs poterant vidēre vulnera Caesaris. in corpore Caesaris erant **vīgintī et trēs** vulnera!

viginti et tres: *twenty-three*

hōc vīsō, turba nōn iam erat trīstis, sed īrāta.

quīdam vir ē turbā clāmāvit: "senātōrēs interfēcērunt Caesarem! ō Rōmānī, quī Rōmam amant! senātōrēs malī interfēcērunt Caesarem **nostrum**! Caesar Rōmam amābat et Caesar vōs omnēs amābant!

quidam: *a certain*

nostrum: *our*

CAESAR

alter clāmāvit: "petite virōs malōs quī Caesarem interfēcērunt! petite et capite **eōs**!"

alter: a second one, another

eos: *them*

tertius clāmāvit: "nōlīte capere eōs! interficite eōs sīcut illī malī interfēcērunt Caesarem!"

sic: *thus, in this way*

sīc hominēs clāmābant. hīs audītis, senātōrēs fūgērunt. Pompēia et Cornēlius timēbant **nē** turba īrāta **caperet** patrem.

ne... caperet: *that (the angry mob) would capture*

Roscus: "ēheu! turba est īrāta!"

Pompēia: "**fugiāmus**!"

fugamus*: let's run away, escape*

Cornēlius: "sed…ubi est pater?"

Pompēia: "nesciō ubi pater sit, sed **fugiendum est**, ō puer stulte! turba est īrāta! **agite**! agite!"

fugiendum est: *"we have to run"*

agite*: come on!*

Cornēlius et Pompēia et Roscus fūgērunt. līberī fugientēs poterant audīre vōcēs īrātās turbae:

"petītē senātōrēs!"

"capite senātōrēs et familiās eōrum!"

"omnēs senātōrēs **interficiendī sunt!**"

interficiendi sunt: *must be killed, must be put to death*

CAPITULUM XII

Cinna

turba hominum īrātōrum
vīdit virum sōlum in viā.

unus ē turba
(**cui erat** magna
barba) inquit:

"ō vir, quis es?"

cui erat: *to who there was, who had*

barba: *beard*

vir: "ego? sum Cinna."

multae vōcēs īrātae clāmāvērunt: "Cinna? Cinna?"

barbatus: *bearded*

vir **barbātus**: "Cinnā? nōmen tibi est Cinna?"

Cinna: "Cinna sum. sum poēta."

vir barbātus poētam cēpit et inquit: "ostende mihi manūs tuās, ō poēta."

intente: *closely, carefully, intently*

poēta extendit manūs ad hominēs, quī **intentē** manūs īnspectāvērunt.

turba: "ecce! ecce! sanguis est in manū ēius! est sanguis Caesaris!"

poēta Cinna attonitus manum suam īnspectāvit. ille sanguinem in manū nōn vīdit.

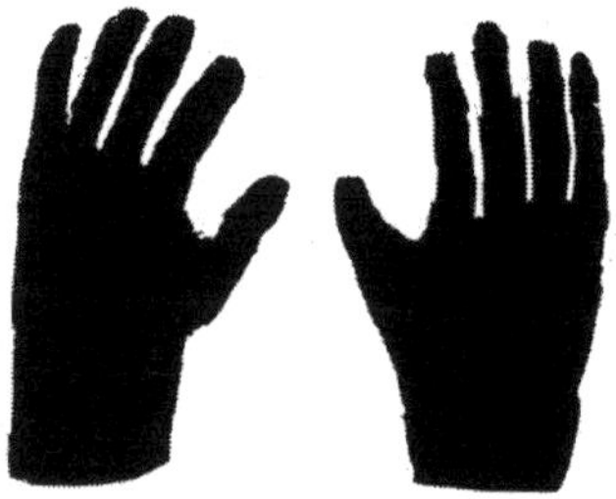

Cinna: "sed – sed – nōn est sanguis..."

vir: "ego sciō quis tū sīs, ō Cinna! tū es Cinna senātor malus, quī Iūlium Caesarem interfēcit!"

Cinna: "minimē! ō virī! minimē! nōn sum senātor! sum poēta!"

vir barbātus: "ego tē sciō, ō senātor! ego tē vīdī hodiē in theātrō Pompēī!"

ūnus ē turbā digitum ad Cinnam extendit et clāmāvit:

"ecce! Cinna pūgiōnem habet!"

erat **clāmor** magnus! multī hominēs clāmābant: "pūgiōnem! pūgiōnem! hic senātor malus habet pūgiōnem! videō sanguinem Caesaris in pūgiōne!"

clamor: *noise, clamor*

Cinna cōnfūsus est. ille pūgiōnem nōn habēbat. in manū ēius erat **calamus**.

calamus: *a pen*

in calamō nōn erat sanguis, sed **ātrāmentum**!

atramentum: *ink*

Cinna magnō terrōre clāmābat.

multī hominēs Cinnam magnō terrōre clāmantem cēpērunt. captus Cinna ab manibus **eōrum** fugere nōn poterat.

eorum: *their*

ūnus ex turbā gladium tenēbat.

gladiō vīsō, Cinna timidus clāmāvit: "adiuvāte mē! ō cīvēs! hic vir īnsānus putat mē esse senātōrem! hī cīvēs malī volunt mē interficere! innocēns sum . . ."

subitō multae manūs poētam cēpērunt.

CAPITULUM XIII

testimōnium Caesaris

dum trēs līberī per viās currēbant, audīvērunt multās vōcēs. haec turba autem nōn erat īrāta, sed ānxia.

dum: *while*

in mediā viā turba ānxia stābat.

in **pavīmentō** erat sanguis ubīque. hōc vīsō, Pompēiā ūnum cīvem **rogāvit**: "ō cīvis, cūr est sanguis in pavīmentō? quid est **causa**?"

pavimento: *pavement*

rogavit: *asked*

causa: *the reason*

cui respondit cīvis: "Cinna senātor… mortuus est."

erat silentium longum. Pompēia et Cornēlius nōlēbant crēdere verbīs **quae** audīvērunt. nōlēbant crēdere patrem esse mortuum!

quae: *which*

Pompēia: "impossibile est!"

Cornēlius: "ego... ego... nōn crēdō!"

subitō erat clāmor magnus.

erat **nūntius,** quī magnā vōce clāmābat: "cīvēs! Mārcus Antōnius in domō Caesaris est . . . cum **testimōniō** Caesaris!"

nuntius: *a messanger*

testimonio: *will*

turba īvit ad domum Caesaris. turba erat **tam magna ut** Pompēia et Cornēlius et Roscus nōn possent fugere ab turbā.

tam magna ut: *so large that...*

*****

omnēs cīvēs in viā currēbant ad domum Caesaris ut audīrent testimōnium.

Pompēia et Cornēlius, crēdentēs patrem esse mortuum,

magnā vōce flēbant. vōcēs cīvium autem tam magnae erant ut cīvēs nōn audīrent līberōs flentēs.

Mārcus Antōnius ante domum Caesaris stābat. in manū ēius erat testimōnium Caesaris.

turba cīvium **petīvit ab Mārcō** ut ille aperīret testimōnium et legeret ante omnēs.

petivit ab Marco: *requested from Marcus, asked Marcus*

oculī Mārcī erant **flendō rubrī**. manus, in quā erat testimōnium, **tremēbat**. omnēs poterant vidēre Caesarem **fuisse** amīcum bonum.

flendo rubri: *red from weeping*

tremebat: *was trembling, shaking*

fuisse: *had been*

flēns Mārcus testimōnium manibus trementibus aperuit.

ūnus ē turbā clāmāvit: "lege testimōnium Caesaris, ō Antōnī!"

alter clāmāvit: "ecce! Antōnius est tam trīstis ut nōn possit legere!"

"Rōmānī!" Mārcus Antōnius inquit, "audīte testimōnium Caesaris!"

CAPITULUM XIV

Spurrīna

cīvēs gaudēbant quia volēbant scīre quid scrīptum esset in **testimōniō**.

testimonio: *the will*

Antōnius: "scrīptum est in testimōniō: **cuique cīvī Rōmānō** ego dō pecūniam!"

cuique civi Romano: *to each Roman citizen*

omnēs cīvēs, quī testimōnium audiēbant, gaudēbant.

cīvēs: "pecūniam! pecūniam! Caesar nōbīs dedit pecūniam!"

multī hominēs clāmābant magnā vōce: "Caesar! Caesar!"

Pompēia: "ecce populus! populus Caesarem amat!

subitō Roscus vōcem audīvit:

"līberī!"

Roscus vīdit virum in viā clāmantem.

Roscus: "pater!"

in viā erat Spurrīna. ānxius erat

venite mecum: *come with me*

petit: *is looking for*

Spurrīna: "līberī, **venīte mēcum**! venīte mēcum! Cinna vōs **petit**!"

Roscus: "Cinnā nōs petit? sed… sed…"

hōc audītō, Pompēia erat cōnfūsa.

Pompēia: "sed . . . pater mortuus est!"

Spurrīna: "Cinnā nōn mortuus est!"

Cornēlius: "cīvēs īrātī patrem interfēcērunt!"

Spurrīna nōn respondit. Spurrīna et Roscus currēbant per viam.

Cornēlius: "nōlō virum **sequī**! **nōn crēdō** verbīs ēius!"

sequi: *to follow*

non credo: *I do not believe*

Pompēia: "ego nōlō esse in viā cum turbā īrāta! rapidē!"

Pompēia et Cornēlius cucurrērunt per viam **sequentēs** Roscum et Spurrīnam.

sequentes: *following*

Spurrīna **dūxit** līberōs per multās viās. Cornēlius et Pompēia **secūtī sunt**. viae erant longae! difficile erat Cornēliō sequī Spurrīnam.

duxit: *led*

secuti sunt: *followed*

subitō Spurrīna cucurrit ad domum parvam et sordidam.

hāc domō vīsā, Cornēlius perterritus erat. nōlēbat domum malum intrāre…

ianuam pulsavit: *knocked on the door*

Spurrīna **iānuam pulsāvit** et mox vir iānuam aperuit.

iānuā apertā, Cornēlius et Pompēia attonitī sunt!

erat Cinna!

"pater!" clāmāvērunt līberī.

CAPITULUM XV

sēcretum

"pater!" clāmāvērunt līberī gaudentēs, "nōs putābāmus tē esse mortuum!"

"pater!" Pompēia inquit, "erāsne tū in theātrō hodiē **cum** Caesar mortuus est?"

Cinna: "ego sciēbam hodiē senātōrēs **velle** Caesarem interficere! ego autem timēbam populum Rōmānum, quī Caesarī **favēbat**!"

Cornēlius: "ego tē nōn vīdī hodiē in theātrō!"

Cinna: "quid tū dīcis? erāsne tū, ō Cornēlī, in theātrō hodiē?!"

Cornēlius: "ego et Pompēia et Roscus erāmus in theātrō.

cum: *when*

velle: *wanted (to)*

neque: *neither, nor*

favebat: *were favoring, were supporting*

timēbāmus tē esse in magnō perīculō!"

Cinna: "Caesare mortuō, omnēs senātōrēs et familiae **eōrum** in magnō perīculō sunt! ego **cōnātus sum monēre** Caesarem!"

eorum: *their*

conatus sum monere: *I tried to warn*

Pompēia: "quōmodo cōnātus es?"

Cinna: "ego epistulam scrīpsī, in quā ego monēbam Caesarem **de** periculo."

de: *about*

Spurrīna: "ego vīdī Caesarem accipere epistulam tuam, ō Cinna. Caesar autem epistulam tuam nōn lēgit! ego quoque cōnātus sum monēre Caesarem de periculo! ille nōlēbat audīre mē **monentem**."

monentem: *warning*

subitō omnēs multās vōcēs in viā **extrā** domum audīvērunt. multī cīvēs īrātā vōce clāmābant. Pompēia quoque poterat vidēre flammās et **fūmōs**.

extra: *outside of*

fumos: *smoke*

līberī **timēbant nē** cīvēs īrātī peterent patrem.

timebant ne: *were afraid that*

Cornēlius inquit: "cūr Caesar epistulam tuam nōn lēgit, ō pater?"

Cinna: "Caesar sciēbat esse **cōnspīrātiōnem** inter senātōrēs.

conspiratione: *a conspiracy*

Pompēia attonita verba patris audīvit et clāmāvit: "Caesar sciēbat? sī Caesar sciēbat esse cōnspīrātiōnem, cūr Caesar īvit ad theātrum?"

iterum audīvērunt clāmōrēs et vōcēs in urbe. clāmōrēs erant magnī et vōcēs erant īrātae.

pater inquit: "Caesar volēbat **morī**."

mori: *to die*

CAPITULUM XVI

"Caesar! Caesar!"

Cornēlius: "ō rem rīdiculum! nōn possum tibi crēdere, ō pater! Caesar erat dictātor! populus Rōmānus eum amābat! cūr Caesar volēbat **morī**?"

mori: *to die*

pater inquit: "Caesar aegrōtābat. Caesar erat vir arrogāns. nōlēbat **in lectō** morī. virī fortēs et praeclārī nōn volunt mōrī domī in lectīs!"

in lecto: *in his bed*

Pompēia: "Caesar volēbat . . . pūblicē morī!"

subitō Spurrīna extrā domum cucurrit, caelum spectāns. cūriōsī omnēs eum **secūtī sunt**. in viā erant multī hominēs caelum spectantēs.

secuti sunt: *followed*

Roscus: "cūr omnēs caelum spectant? quid vident?"

Spurrīna clāmāvit: "ecce!"

omnēs oculōs **vertērunt** ad caelum.

verterunt: *turned*

in caelō erat **comētes**. omnēs spectābant comētam currentem per caelum.

cometes: *a comet*

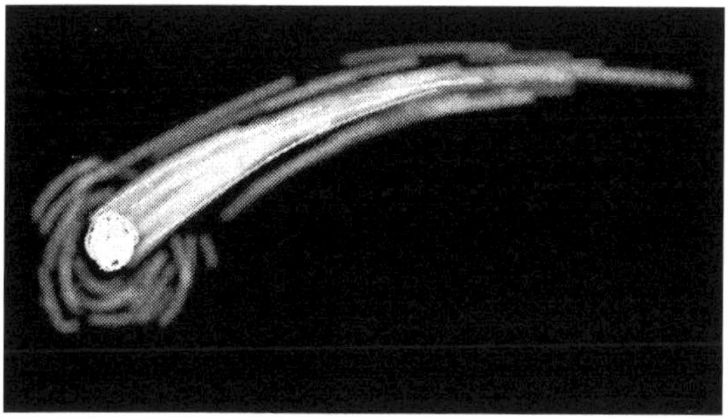

subitō ūna vōx ē turbā clāmāvit:

"ecce! est Caesar! nōn mortuus est! Caesar immortālis est!"

subitō trēs līberī audīvērunt multās vōcēs clāmantēs. turba clāmābat: "**dīvus** Caesar!" et "avē Caesar!"

divus: *deified, transformed into a god*

Cinna: "ecce populus Rōmānus Caesarem amat! omnēs putant Caesarem esse immortālem!"

populus: "avē Caesar! avē Caesar!"

Spurrīna: "Caesar nōlēbat esse dictātor! Caesar volēbat esse . . . deus!"

Cinna: "nōn possumus Rōmae **manēre**! in magnō perīculō sumus! rapidē, ō līberī, Rōmā fugiāmus!"

manere: *to stay*

Cinna et Cornēlius et Pompēia fūgērunt. Roscus ānxius Cinnam et amicos fugientēs spectābat. trīstis erat, quia amīcī fūgērunt.

nunc Roscus poterat audīre multōs cīvēs clāmantēs: "avē Caesar! avē Caesar! avē Caesar!"

"Rōsce!" Spurrīna inquit, "intrā domum et **claudē** iānuam!"

claude: *close*

Roscus trīstis viam spectābat.

"Rōsce!"

Roscus domum intrāvit et iānuam clausit.

Spurrīna: "nunc Caesar est deus."

Spurrīna in mediā viā stābat. poterat audīre vōcēs turbae: "avē Caesar!" in manū Spurrīnae erat **nummus**. in nummō erat imagō Caesaris.

nummus: *a coin*

Spurrīna īnspectāvit **corōnam** in capite Caesaris.

coronam: *the crown*

"Caesar dictator **perpetuō**," Spurrina inquit et iēcit nummum in pavīmentum.

perpetuo: *forever, perpetually*

Spurrīna domum intrāvit et iānuam clausit.

FINIS

INDEX VOCABULŌRUM

ab: *from*
absēns: *absent*
accipere: *to accept, receive*
ad: *to, towards*
adiuvāte: *help!*
adsunt: *are here, present*
aegrōtābat: *s/he was sick*
agite: *come on!*
aliam: *another, other*
aliīs: *other*
aliōs: *other*
aliquem: *someone*
aliquid: *something*
alius: *another, other*
alter: *a second, another*
amābant: *(they) loved*
amābat: *(s/he) loved*
amant: *(they) love*
amāre: *to love*
amat: *(s/he) loves*
amāvit: *(s/he) loved*
amīce: *friend*
amīcī: *friends*
amīcō: *friend*
amicōs: *friends*
amīcum: *friend*
amicus: *friend*
an: *or*
animalia: *animals*
animālis: *animals*
annōs: *years*
ante: *before, in front of*
antīquā: *old, ancient*
antīquum: *old, ancient*
ānxia: *anxious, worried*
ānxiī: *anxious, worried*
ānxium: *anxious, worried*
ānxius: *anxious, worried*
aperī: *open*
aperīre: *to open*
aperīret: *open*
apertā: *having been opened*
apud: *at*
āram: *altar*
arca: *box*
arcā: *box*
arcam: *box*
arrogāns: *arrogant*
ascendēbat: *(s/he) was climbing, ascending*
ātrāmentum: *ink*
attonita: *astonished, surprised*
attonitī: *astonished, surprised*
attonitus: *astonished, surprised*
audiēbant: *were hearing, were listening*
audiēbat: *(s/he) heard, was listening*
audīre: *to hear*
audīrent: *"hear"*
    ut audīrent: *in order to hear; so that they might hear*
audīte: *hear! listen!*
audītis: *(you) hear, listen*
audītō: *having heard*
audīverat: had heard
audīvērunt: *(they) heard*
audīvī: *(I) heard*
audīvit: *(s/he) heard*

autem: *however*
avē: *"hail!"*

B

barba: *beard*
barbarōs: *barbarians*
barbātus: *bearded*
bellum: *war*
bonum: *good*
bōs: *cow, ox*
bove: *cow, ox*
bovem: *cow, ox*
bovem: *cow, ox*
    bōvī nōn est: *the cow does not have*
bōvī: *to the cow*
bracchiō: *arm*

C

caelō: *sky*
caelum: *sky*
calamō: *a pen*
calamus: *a pen*
capere: *to grab, capture*
caperet: *capture, take*
capite: *seize! grab!*
captīvī: *captive*
captus: *captured, seized*
caput: *hed*
causa: *cause, reason*
cautē: *carefully*
cavēbō: *I will beware, be careful*
cēlāvērunt*: (they) hid, concealed*
celebrābant: *(they) were celebrating*
celebrant: *(they) celebrate*
cēpērunt: *(they) grabbed, took, seized*
cēpit: *(s/he) grabbed, took, seized*
certē: *certainly*
circum: *around*
cīvem: *citizen*
cīvēs: *citizens*
cīvī: *to the citizen*
cīvīle: *civil*
cīvis: *citizen*
cīvium: *of citizens*
clam: *stealthily, secretly*
clāmābant: *(they) shouted, were shouting*
clāmābat: *(s/he) shouted, was shouting*
clāmāns: *shouting*
clāmantem: *shouting*
clāmantēs: *shouting*
clāmantēs: *shouting*
clāmāre*: to shouting*
clāmāret: *"was shouting"*
clāmās: *(you) shout*
clāmāvērunt: *they shouted*
clāmāvit: *(s/he) shouted*
clāmor: *noise*
clāmōrēs: *noises*
claudē: *close!*
clausit: *(s/he) closed*
clausōs: *closed*
collāpsus est: *collapsed*
collō: *neck*
colloquēbantur: *(they) were speaking together, conversing*
colloquēbātur: *(s/he) was conversing*

colloquentēs: *conversing, speaking together*
colloquium: *a conversation*
columnā: *column*
columnam: *column*
columnās: *columns*
comētam*: a comet*
comētes: a comet
commōta: *moved (with), overcome (with)*
commōtī: *moved (with), overcome (with)*
commōtus: *moved (with), overcome (with)*
communicant: *(they) communicate*
conatus est: *tried, attempted*
confōdērunt: *(they) stabbed*
cōnfōdit: *(s/he) stabbed*
confōssus: *having been stabbed*
cōnfūsa: *confused*
cōnfūsus: *confused*
cōnspīrātiōnem: *a conspiracy*
consul: *a consul*
contra: *against*
conveniēbat: *was meeting, coming together*
cor: *heart*
corona: *crown*
corōnam: *crown*
corpore: *body*
corpus: *body*
cotīdiē: *every day*
crēdēbat*: (he) was believing, trusting*
credent: *(they) will believe*
crēdentēs: *believing, trusting*
crēdere: *to believe, to trust*
crēdere: *to believe, to trust*
crēdet: *s/he will believe, trust*
credo*: I believe, trust*
cubiculō: *bedroom*
cucurrērunt: *(they) ran*
cucurrit: *(s/he) ran*
cui erat: *"who had"*
cui*: to whom*
cuique: *to each*
cum: *when, with*
cūr: *why*
cūriōsa: *curious*
cūriōsī: *curious*
cūriōsus: *curious*
curre: *run!*
currēbant: *(they) were running*
currendō: *with running, due to running*
currentem: *running*
currentēs: *running*
currere: *to run*
ne... caperet: *that (the angry mob) would capture*

D

de: *about*
dedī: *(I) gave*
dedit: *(s/he) gave*
deī: *gods*
deinde: *then, next*
deōrum: *of the gods*
dēscendit: *descends, climbs down*
deus: *god*
dīc: *tell! say!*

dīcēbat: *(s/he) was saying*
dīcerent: *"were saying"*
dīcis: *(you) say*
dīcit: *(s/he) says*
dictator: *dictator*
dictātōrem: *dictator*
dictō: *having been said*
diē: *day*
diem: *day*
dies: *day*
difficile: *difficult*
digitum: *finger*
dīvīsit: *divided*
dīvus: *deified, divine*
dīxistī: *(you) said*
dīxit: *(s/he) said*
dō: *I give*
domī: *at home*
domō: *home*
domum: *home, house*
domus: *house, home*
dormiō: *(I) am sleeping*
dormīre: *to sleep*
dormīs: *(you) sleep*
dum: while
duo: *two*
duōs: *two*
dūxit: *(s/he) led*

E

ē: *out of, from*
eam: *her*
ecce: *behold! look!*
ego: *I*
ēheu: *oh no!*
eī: *to him, to her*
ēius: *his, her*
eōrum: *their*
eōs: *them*
epistulam: *letter*
erāmus: *we were*
erant: *(they) were*
erās: *(you)* were
erāsne: *were you?*
erat: *was; there was*
eratne: *was?*
eris: *you will be*
es: *(you) are*
esne: *are you?*
esse: *is, to be*
essent: *"were"*
esset: *"was"*
est: *is, there is*
estis: *(you) are*
estne: *is?*
et: *and*
eum: *him*
ēventūs: *events*
ex: *out of, from*
exīvērunt: *(they) went out*
exīvit: *(s/he) went out*
exspectās: *(you) wait for, expect*
exspectō: *(I) am waiting, expecting*
exta: *intestines*
extendit: *extended*
extīs: *intestines*
extra: *outside*
extrāxit: *extracted, pulled out*

F
facere: *to make*
falsa: *false*
falsō: *false, falsely*
falsus: *false*
familia: *family*
familiae: *of the family*
familiās: *families*
favēbant: *was favoring, was supporting*
favēbat: *(s/he) was favoring, supporting*
fēmina: *woman*
fēminae: *woman*
fēminam: *woman*
fēminās: *woman*
fertilitātem: *fertility*
fessus: *tired (from)*
fēstum: *festive, holiday*
fēstus: *festive, holiday*
figūra: *figure*
figūram: *figure*
fīlī: *son*
fīlia: *daughter*
fīliae: *daughter*
fīliī: *son's*
fīliō: *to his son*
fīlium: *son*
fīlius: *son*
fīxī: *fixed*
flammās: *flames*
flēbant: *were weeping, crying*
flendō: *with weeping*
flēns: *weeping, crying*
flentēs: *weeping, crying*
flūmen: *river*
fortasse: *perhaps, maybe*
fortēs: *strong*
frater: *brother*
frātrem: *brother*
fugere: *to run away*
fūgērunt: *(they) ran away*
fugiāmus: *let's run away*
fugiēbant: *they were fleeing, running away*
fugiendum est: "we have to run away"
fugientēs: *running away*
fūgit: *(s/he) ran away*
fuisse: *"had been"*
fūmōs: *smoke, fumes*
fundō: *a fold*
funus: *a funeral*
futūrīs: *future*
futūrōs: *future*

G
gaudēbant: *(they) were happy*
gaudēbat: *(s/he) was happy*
gaudent: *(they) are happy, rejoice*
gaudentēs: *happy, rejoicing*
gāvisī sunt: *rejoiced*
gāvīsus est: *rejoiced*
gerēbat: *(s/he) was wearing*
gladiō: *sword*
gladium: *sword*
gladius: *sword*
grātiās: *thanks*

H

habēbant: (they) had
habēbat: *(s/he) had*
habeō: (I) have
habēs: *(you) have*
habet: *(s/he) has*
habetne: *does s/he have?*
hāc: *this*
haec: *this*
hanc: *this*
haruspex: *a haruspex, prophet who foretells the future by examining the intestines of animals*
haruspicem: *a haruspex*
haruspicis: *of the haruspex*
hī: *these*
hic: *this*
hīs: *these*
hoc: *this*
hōc: *this*
hodiē: *today*
hominēs: *people*
hominibus: *people*
hominum: *of people*
hōram: *hour*
horribile: *horrible*
horribilēs: *horrible*
horrificum: *horrible*
horrōre: *horror*
horrōrem: *horror*
hōs: *these*
hostīlis: *hostile*
hunc: *this*

I

iam: *now*
iānuā: *a door*
iānuam: *a door*
ībat: *(s/he) was going*
Īdūs: *the Ides*
iēcerat: *(s/he) had thrown*
iēcit: *(s/he) threw*
ignōtās: *unknown*
illā: *that*
ille: *he*
illī: *they, those*
illicitum: *not allowed, illegal*
imāgō: *image*
immōbilis: *immobile*
immortālem: *immortal*
immortālis: *immortal*
imperātōrī: *to the emperor*
impossibile: *impossible*
in: *in, on*
innocēns: *innocent*
innocentia: *innocent*
inquit: *said, says*
īnsānus: *insane*
īnspectā: *look closely! inspect!*
īnspectābat: *(s/he) was looking closely, inspecting*
īnspectandam: *(to) inspect*
īnspectāns: *inspecting*
īnspectāvērunt: *(they) inspected*
īnspectāvit: *(s/he) inspected*
īnspectarent: *(they) inspected*
intentē: *closely, carefully*
inter: *between, among*
interfēcērunt: *(they) killed*

interfēcisse: *killed*
interfēcit: *(s/he) killed*
interficere: *to kill*
interficiendī: *of killing*
interficite: *killed*
intrā: *inside*
intrābant: *(they) entered*
intrantēs: *entering*
intrāre: *to enter*
intrāvērunt: *(they) entered*
intrāvit: *(s/he) entered*
invenīrent: *"find"*
investīgāvit: *(s/he) investigated*
involūtum: *wrapped (in)*
ioca: *jokes*
iocum: *a joke*
ipsī: *himself*
īrāta: *angry*
īrātae: *angry*
īrātās: *angry*
īrātī: *angry*
īrātōrum: *angry*
īrātus: *angry*
īre: *to go*
iterum: *again*
īvērunt: *(they) went*
īvit: *(s/he) went*

L

labōrābat: *(s/he) was working*
lectīs: *beds*
lectō: *bed*
lege: *read!*
legere: *to read*
legeret: *"read"*
lēgit: *read*
legit: *(s/he) read*
lībera: *free*
līberī: *children*
līberīs: *children*
līberōs: *children*
lībertās: *liberty*
limes: *boundary*
lingua: *tongue*
longae: *long*
longē: *far*
longum: *long*

M

magna: *large, great*
magnā: *large, great*
magnae: *large, great*
magnam: *large, great*
magnī: *large, great*
magnō: *large, great*
magnum: *large, great*
magnus: *large, great*
malī: *bad, wicked*
malōs: *bad, wicked*
malum: *bad, wicked*
malus: *bad, wicked*
manēre: *to remain, stay*
manibus: *hands*
manū: *hand*
manum: *hand*
manus: *hand*
manūs: *hands*
māter: *mother*
mē: *me*

mea: *my*
mecum: *with me*
media: *middle*
mēnsā: *table*
meō: *my*
metallicum: *metal*
meum: *my*
meus: *my*
mī: *my*
mihi: *to me*
mīlitēs: *soldiers*
mīlitibus: *soldiers*
minimē: *no, not in the least*
mīsērunt: *(they) sent*
mīsit: *(s/he) sent*
mōmentī: *importance*
    magnī mōmentī: *of great importance*
monēbam: *I was warning*
monentem: *warning*
monēre: *to warn*
morī: *to die*
mors: *death*
mortua: *dead*
mortuā: *dead*
mortuō: *dead*
mortuum: *dead*
mortuus: *dead*
mox: *soon*
multae: *many*
multās: *many*
multī: *many*
multīs: *many*
multōs: *many*

N

neque: *and... not; neither... nor*
nesciēbat: *(s/he) didn't know*
nesciō: *(I) don't know*
nōbīs: *to us, for us*
nocte: *night*
nōlēbant: *(they) did not want*
nōlēbat: *(s/he) does not want*
nōlī: *don't...!*
nōlīte: *don't...!*
nōlle: *"doesn't want"*
nōlō: *(I) do not want*
nōlunt: *(they) do not want*
nōmen: *name*
nōmina: *names*
nōmine: *named, by name*
nōn: *not*
nōs: *we*
noster: *our*
nostrum: *our*
numerābat: *(s/he) was counting*
numerāret: *(s/he) counted, was counting*
numerat: *(s/he) counts, is counting*
nummō: *a coin*
nummum: *a coin*
nummus: *a coin*
nunc: *now*
nūntī: *messanger*
nūntia: *messages*
nūntiō: *messanger*
nuntium: *message; messanger*
nūntius: *messanger*

O
occupātum: *busy, occupied*
occupātus: *busy, occupied*
oculi: *eyes*
oculōs: *eyes*
oculum: *eye*
ōmen: *omen, warning, sign*
omnēs: *all, everyone*
omnia: *all, everything*
ostende: *show*
ōstium: *doorway, passageway*

P
parva: *small*
parvae: *small, little*
parvam: *small, little*
parvum: *small, little*
parvīs: *small, little*
pater: *father*
patrem: *father*
patris: *father's*
pavīmentum: *pavement*
pavīmentō: *pavement*
pecūniam: *money*
pedēs: *feet*
per: *through*
percussit: *(s/he) hit, struck*
percussā: *having been struck*
percutere: *to hit, strike*
percuterent: *they hit, strike*
percutientēs: *hitting, striking*
percutiet: *(s/he) will hit, strike*
percutiunt: *(they) hit, are hitting*
perpetuō: *forever, perpetually*
perterritae: *frightened, terrified*
perterritus: *frightened, terrified*
perāctī sunt: *been fulfilled, completed*
perīcula: *dangers*
perīculō: *danger*
petit: *(s/he) seeks, is looking for*
petēbant: *(they) seek, are looking for*
petite: *seek out! look for!*
petīvit: *(s/he) looked for, sought*
placēbat: *was pleasing (to)*
populum: *the people*
populus: *the people*
populō: *the people*
posse: *able*
possent: *are able*
possit: *was able*
possum: *I am able*
possumus: *we are able*
post: *behind; after*
posuit: *(s/he) put, placed*
poterant: *(they) were able*
poterat: *(s/he) was able*
potesne: *are you able?*
poēta: *poet*
poētam: *poet*
praeclāra: *famous*
praeclārī: *famous*
praeterīvit: *passed, went past*
prohibēre: *to hinder, block, prohibit*
prope: *near, next to*
puella: *girl*
puellae: *girl's, to the girl*
puellam: *girl*
puellās: *girls*
puer: *a boy*

puerī: *boys*
pugnābant: *(they) were fighting*
pugnātum est: *it was fought, there was fighting*
pugnāvit: *(s/he) fought*
pulcher: *beautiful, handsome*
pulsat: *(s/he) knocks*
pulsāvit: *(s/he) knocked*
putant: *(they) think*
putat: *(s/he) thinks*
putābat: *(s/he) was thinking, thought*
putāmus: *(we) think*
putās: *(you) think*
putō: *(I) think*
pāx: *peace*
pūblicē: *publicly*
pūgiō: *a dagger*
pūgiōne: *a dagger*
pūgiōnem: *a dagger*
pūgiōnibus: *daggers; with their daggers*
pūgiōnēs: *daggers*
pūgiōnī: *to the dagger*

Q

quae: *who, which*
quam: *than, which*
quattuor: *four*
quem: *whom*
quia: *because*
quid: *what*
quidem: *indeed*
quis: *who*
quod: *which*
quoque: *also*
quā: *which*
quī: *who*
quīdam: *a certain*
quīnque: *five*
quīntam: *fifth*
quō: *where, which*
quōcum: *with whom*
quōdam: *a certain*
quomodo: *how*

R

ramo: *branch, stick*
ramum: *branch, stick*
ramus: *branch, stick*
ramīs: *branches, sticks*
ramō: *branch, stick*
rapidius: *more quickly, faster*
rapidē: *rapidly, quickly*
recūsāvit: *(s/he) refused*
reddidit: (s/he) *returned, gave back*
redīvit: (s/he) *returned, went back*
rem: *thing*
remōvit: *removed*
respondit: *(s/he) responded*
respondēre: *to respond*
restitūta est: *was restored, has been restored*
rīdiculum: *ridiculous*
rogāvit: (s/he) asked
rubrī: *red*
rēgem: *king*
rēgēs: *kings*
rēx: *king*
rīdent: *(they) laugh*

rīdentēs: *laughing*
rīdēns: *laughing*
rīsit: *(s/he) laughed*
rītum: *a rite, ritual*

S

sacerdōtēs: *priests*
sacrificāre: *to sacrifice*
sacrificārī: *to be sacrifice*
sacrificāvērunt: *they sacrificed*
sacrificāvī: *I sacrificed*
sacrificiī: *of the sacrifice*
sacrificium: *sacrifice*
sanguinem: *blood*
sanguis: *blood*
sciēbam: *(I) knew, was knowing*
sciēbās: *(you) knew*
sciēbat: *(s/he) knew*
sciō: *(I) know*
scīre: *to know*
scit: *(s/he) knows*
scīvit: *(s/he) knew*
scrībat: *"writes"*
scrībēbat: *(s/he) was writing*
scrībit: *(s/he) writes*
scrīpsī: *I wrote*
scrīptum: *written*
sē: *himself, themselves*
secretum: *secret*
secūtī sunt: *(they) followed*
sed: *but*
sedēbant: *(they) were sitting*
sedēbat: *(s/he) was sitting*
semper: *always*
senator: *senator*
senātōrem: *senator*
senātōrēs: *senators*
senātōribus: *senators*
senātōris: *of the senator*
senātōrum: *of the senators*
sequēbatur: *(s/he) was following*
sequentēs: *following*
sequī: *to follow*
sī: *if*
sīc: *thus, in this way*
sīcut: *like, just like*
significant: *mean, signify*
significat: *means, signifies*
silēns: *silent, quiet*
silent: *silent, quiet*
silentium: *silent*
similes: *similar*
sint: *are*
sīs: *(you) are*
sit: *is*
sōla: *alone*
sōlum: *alone*
sōlus: *alone*
sonōs: sounds
sonum: a sound
sordidam: *dirty*
soror: *sister*
sorōrem: *sister*
spectā: *watch*
spectābant: *(they) were watching*
spectābat: *(s/he) was watching*
spectābō: *(I will watch)*
spectandum: *(to) watch*
spectāns: *watching*
spectant: *(they) watch*

spectantēs: *watching*
spectāre: *to watch*
spectās: *(you) watch*
spectātōribus: *spectators*
spectātōrum: *of spectators*
stābant: *(they) were standing*
stābat: *(s/he) was standing*
statua: *statue*
statuae: *of the statue*
stulte: *foolish*
stylō: *stylus*
stylum: *stylus*
stylus: *stylus*
suam: *his, her*
subito: *suddenly*
sum: *(I) am*
sumus: *(we) are*
sunt: *are*
super: *over*
suum: *his, her (own)*

T

tablinum: *an office*
tablīnō: *an office*
tabulae: *a writing tablet*
tabulās: *a writing tablet*
tam: *so*
    tam... ut: *so... that*
templō: *temple*
tenebrīs: *darkness*
tenēbat: *(s/he) was holding*
terram: *ground, earth*
terrā: *ground, earth*
terrōre: *terror*
tertius: *third*
testimōnium: *a will, testament*
testimōniō: *a will, testament*
theātrum: *theater*
theātrī: *of the theater*
theātrō: *theater*
tibi: *to you, for you*
timent: *(they) fear, are afraid*
timet: *(s/he) fears, is afraid*
timeō: *(I) fear, am afraid*
timide: *frightened, scared*
timidā: *frightened, scared*
timidī: *frightened, scared*
timēbam: *(I) was afraid, scared*
timēbant: *(they) were afraid, scared*
timēbat: *(s/he) was afraid, scared*
timēbāmus: *(we) were afraid, scared*
timēre: *to be afraid, scared*
togae: *of his toga*
togam: *toga*
toga: *toga*
togīs: *togas*
trementibus: *trembling*
tremēbat: *(s/he) was trembling*
tribus: *three*
triumphat: *(s/he) cheers, rejoices, celebrates*
triumphābant: *(they) were cheering, rejoicing.*
triumphābat: *(s/he) was cheering, rejoicing*
trans: *across*
trēs: *three*
trīstis: *sad*
trīstēs: *sad*
tua: *your*

tuam: *your*
tunicam: *a tunic*
turba: *a crowd, mob*
turbae: *of the crowd*
turbam: *a crowd, mob*
turbā: *a crowd, mob*
tuum: *your*
tuās: *your*
tyrannus: *tyrant*
tē: *you*
tū: *you*

U
ubi: *where*
ubīque: *everywhere*
ūna: *one*
ūnam: *one*
ūnum: *one*
unus: *one*
ūnus: *one*
urbe: *city*
urbem: *city*
urbis: *of the city*
ut: *so that, in order to*
uxor: *wife*

V
valē: *goodbye, farewell*
velle: *"wants"*
veniēbat: *(s/he) was coming*
venī: *come!*
venīret: *"(s/he) comes"*
venīte: *come!*
verba: *words*
verbīs: *words*
vertērunt: *(they) turned*
viae: roads
viam: *the road*
victimā: *sacrificial victim*
victor: *a victor, winner*
vident: *(they) see*
videō: *(I) see*
vidēbant: *(they) saw, were seeing*
vidēbat: *(s/he) saw, was seeing*
vidēre: *to see*
vidērent: *"(they) see"*
vidēret: "(s/he) sees"
vidēs: *(you) see*
vir: *man*
virum: *man*
virī: *men*
virōs: *men*
viā: *road*
viās: *roads*
viīs: *roads*
volunt: *(they) want*
volēbam: *(I) wanted*
volēbant: *(they) wanted*
volēbat: *(s/he) wanted*
volō: *I want*
vulnera: *wounds*
vult: *(s/he) wants*
vultne: *does (s/he) want?*
vultum: *face*
vultūs: *faces*
vēnit: *(s/he) came*
vīdit: *(s/he) saw*
vidēbant: *(they) saw*
vīdī: *(I) saw*

vīgintī: *twenty*
vīs: *violence*
vīsā: *having been seen*
vīsitant: *(they) visit*
vīsitābant: *(they) were visited, visited*
vīsitābat: *(s/he) was visiting, visited*
vīsō: *having been seen*
vōce: *voice*
vōcem: *voice*
vōcibus: *voices*
vōcēs: *voices*
vōs: *you all*
vōx: *voice*

Made in the USA
Las Vegas, NV
18 August 2022

53527414R00052